老 子

安宇 译注

书名: 老子

Title: THE LAO TZU

译注者: 安宇

Translated with an introduction by: An Yu

本书由美国 Asian Culture Press LLC 出版

地址： Asian Culture Press LLC, 1942 Broadway, Suite 314C, Boulder, CO 80302, United States

邮箱： info@asianculture.press

Printed and bound in the United States of America

字数： 18 千字

版次： 2023 年 2 月第一版

书号： 978-1-957144-74-0

作者邮箱： Lojishan@126.com

关于老子

老子（公元前约 571 年---公元前约 471 年）曾掌管周朝王室图书馆，是中国古代伟大的思想家和变法家。《老子》又称《道德经》或《老子五千言》。

关于译注者

安宇，1982 年 8 月 9 日出生于中国大连，是一位独立研究者。他经过十余年的研读和领悟，并以其独道的观点完成了《老子》一书的译注。

关于道

道是上天、命运和万物之母。

我不知她的名字，所以只好称她为道；

看她看不着，听她听不见，摸她摸不了，所以道无法被描述。

道的法则：天下万物是一次从无至有再至无的循环。

目录

一章

道可道，非常道；

名可名，非常名。

无名天地之始；

有名万物之母。

故，常无，欲以观其妙；

常有，欲以观其徼。

此两者，同出而异名，同谓之玄。

玄之又玄，众妙之门。

译文

如果道可以被描述，这个道就不是永恒的道；

如果道可以被命名，这个名就不是永恒的道之名。

无叫做天地自然的起始；

有叫做天下万物的根基。

所以，总是通过无，观察道的奥妙；

总是通过有，观察道的边际。

无和有，同出于道而名字不同，都可以被叫做神秘奥妙；

极其神秘及其奥妙，是一切奥妙的源头。

（道的法则：天下万物是一次从无至有再至无的循环。）

二章

天下皆知美之为美，斯恶矣；

皆知善之为善，斯不善已。

故，有无相生，难易相成，长短相形，高
下相倾，音声相和，前后相随。

是以，圣人处无为之事，行不言之教：

万物作焉而不始，生而不有，为而不恃，
功成而不居。

夫唯不居，是以不去。

译文

当全天下都明白了什么是美好，就明白
了什么是丑恶；

都明白了什么是善，就明白了什么是不
善。

所以,有和无相对而生,难和易相对而成,
长和短相对体现,高和低相互存在,音和
声相互依赖，前和后相互跟随。

因此，信道者不肆意干涉，不发号施令：
万物萌发而不干涉，万物出现而不占有，

万物发展而不依靠，万物取得成功而不居功。

因为不居功，所以功劳永存。

（善：提供帮助而无所求。）

三章

不尚贤，使民不争；

不贵难得之货，使民不为盗；

不见可欲，使民心不乱。

是以，圣人之治：

虚其心，实其腹；

弱其志，强其骨；

常使民无知无欲，使夫智者不敢为也。

为无为，则无不为。

译文

不推崇圣贤，则不会使百姓争名夺利；

不贵重奇珍异宝，则不会使百姓变成强盗；

不宣扬引发欲望的事物，则不会使百姓心烦意乱。

因此，信道者的治国原则是：

使百姓虚心，使百姓饱腹；

使百姓寡欲，使百姓强健；

总是使百姓没有奸诈的巧智和贪婪的欲

望，使奸邪伪诈之徒不敢为所欲为。

不肆意妄为，则没有做不成的。

第四章

道冲，而用之或不盈。

渊兮，似万物之宗；

湛兮，似或存。

吾不知谁之子，象帝之先。

译文

道空虚透明，但道的作用不会停止。

幽深奥秒，好像天下万物的主宰；

隐微不显，好像若有若无。

我不确定道来自何处，只确定道出现在
宇宙之前。

第五章

天地不仁，以万物为刍狗；

圣人不仁，以百姓为刍狗。

天地之间，其犹橐籥乎：

虚而不屈，动而愈出。

多言数穷，不如守中。

译文

天地自然没有私亲偏爱，平等对待每一物；

信道者没有私亲偏爱，平等对待每一人。

天地之间，不正如风箱一样吗：

中空却不会穷尽，鼓动起来风吹不止。

滥施号令而注定失败，不如坚守公正。

第六章

谷神不死，是谓玄牝；

玄牝之门，是谓天地根。

绵绵若存，用之不勤。

译文

道是永恒的，叫做神秘的母亲；

这位神秘的母亲，又叫做天地自然的根
源。

道无形而实存，她的作用永不停止。

第七章

天长地久：

天地所以能长且久者，以其不自生，故能长生。

是以，圣人后其身而身先，外其身而身存。

非以其无私邪？故，能成其私。

译文

天地自然长久存在：

天地自然能够长久，是因为天地自然不

是为自己而生，所以能够长久存在。

因此，信道者把自己放在最后反而占先，把自己置于度外反而保全。

这不正是由于他们无私吗？所以，能够成全自己。

第八章

上善若水：

水善利万物而不争，处众人之所恶，故几于道；

居善地，心善渊，与善仁，言善信，正善治，事善能，动善时。

夫唯不争，故无尤。

译文

善者像水一样：

水善于滋养万物而不与万物争利，汇集在人们厌恶的低洼之地，所以水近似于道；

善者善于适应环境，善于保持平静，善于给予别人，善于信守诺言，善于处理政事，善于尽其所能，善于把握时机。

因为他们不争名夺利，所以没有怨尤。

第九章

持而盈之，不如其已；

揣而锐之，不可长保；

金玉满堂，莫之能守；

富贵而骄，自遗其咎；

功成身退，天之道也。

译文

自满自盈，不如趁早停止；

锋芒锐利，没法长久保存；

金玉满堂，没人能够长守；

奢华骄横，自己招致祸患；

不恋功名，符合道。

十章

载营魄抱一，能无离乎？

专气致柔，能婴儿乎？

涤除玄览，能无疵乎？

爱民治国，能无为乎？

天门开阖，能无雌乎？

明白四达，能无智乎？

译文

全身心地信守道，能始终不分离吗？

聚合精力归于柔顺，能像婴儿一样吗？

清除内心的杂念，能纯洁无瑕吗？

爱护百姓治理邦国，能法治无为吗？

聪明伶俐，能不奸诈取巧吗？

十一章

三十辐共一毂，当其无，有车之用；

埏埴以为器，当其无，有器之用；

凿户牖以为室，当其无，有室之用。

故，有之以为利，无之以为用。

译文

三十跟辐条汇集在车轮的轴心，有了轴心的圆孔，车轮才能发挥作用；

把粘土制成器皿，有了器皿的中空，器

皿才能发挥作用；

开凿门窗建造房屋，有了房舍的空间，房

屋才能发挥作用。

所以，物器可以被利用，是靠空间发挥作

用。

十二章

五色令人目盲，五音令人耳聋，五味令人口爽；

驰骋畋猎令人心发狂，难得之货令人行妨。

是以，圣人为腹不为目。

故，去彼取此。

译文

过多装扮令人眼瞎，过多奏乐令人耳聋，过多调味令人口伤；

追逐猎物令人丧心病狂，奇珍异宝令人行为败坏。

因此，信道者只求饱腹不求享乐。

所以，抛弃享乐只取饱腹。

十三章

宠辱若惊，贵大患若身。

何谓宠辱若惊：

宠为下，得之若惊，失之若惊，是谓宠辱若惊。

何谓贵大患若身：

吾之所以有大患者，为吾有身；

及吾无身，吾有何患？

故，贵以身为天下，若可寄天下；

爱以身为天下，若可托天下。

译文

被恭维和遇冷落都令人不安，重视隐患如同重视自己。

为什么说被恭维和遇冷落都令人不安：

被恭维不是好事，可是人们被恭维便惊喜，被冷落便惊慌，

这叫做被恭维遇冷落都令人不安。

为什么说重视隐患如同重视自己：

我所以有隐患，是因为我爱惜自己；

当我不再爱惜自己时，我有什么隐患？

所以，像重视自己一样治理国家的人，可以把国家寄托给他们；

像爱惜自己一样管理国家的人，可以把国家托付给他们。

十四章

视之不见，名曰夷；

听之不闻，名曰希；

搏之不得，名曰微。

此三者不可致诘，故混而为一。

其上不皦，其下不昧；

绳绳兮不可名，复归于无物。

是谓无状之状，无物之象，是谓惚恍。

迎之不见其首，随之不见其后。

执古之道，以御今之有；

能知古始，是谓道纪。

译文

看看不着，叫做夷；

听听不见，叫做希；

摸摸不了，叫做微；

以上三种情况无法查询，所以道浑然为一。

她的上面不光明，她的下面不暗昧；

无边无际而无法名状，回归于无形无象的状态。

这叫做没有形状的状，没有形象的象，又叫做模糊不定；

迎着她看不见她的头，跟着她看不见她的背。

信守自古就存在的道，来面对今天的天下万物；

能够认识天下万物的起始，就是认识了

道的法则。

十五章

古之善为士者，微妙玄通，深不可识。

夫唯不可识，故强为之容：

豫焉若冬涉川，犹兮若畏四邻，俨兮其若容；

涣兮若冰之将释，敦兮其若朴，旷兮其若谷；

混兮其若浊，澹兮其若海，飂兮若无止。

孰能浊以止？静之徐清；

孰能安以久？动之徐生。

保此道者不欲盈；

夫唯不盈，故能敝而新成。

译文

古时候善于照着道去做的人，细微通达，

深不可测。

因为深不可测，所以只能勉强加以形容：

小心谨慎像冬天踏冰过河，警惕细微像提防四周的威胁，沉稳庄重像外出作客；

思维活跃像春冰消融的河水，纯洁质朴像未经雕琢的原木，虚心豁达像幽深无底的空谷；

不偏不倚像不拒细流的江河，平静持重像无边无际的大海，果断洒脱像无穷无尽的大风。

谁能使浊水澄清？停止扰动使浊水慢慢澄清；

谁能使安定长久？不断改进使安定慢慢

产生。

保留这个道理的人不自满；

因为不自满，所以能够去旧出新。

十六章

至虚极，守静笃；

万物并作，吾以观复：

夫物芸芸，各复归其根。

归根曰静，是谓复命；

复命曰常，知常曰明。

不知常，妄作，凶。

知常容，容乃公，公乃王，王乃天，天乃
道，道乃久，没身不殆。

译文

保持完全虚心，彻底平静；

万事万物缤纷出现，我以此来观察万物
循环往复的规律：

万事万物纷繁众多，最终返回各自的根
源。

返回根源叫做宁静，又叫做完成使命；

完成使命叫做永恒，认识永恒叫做明智。

不认识永恒，就会胡作非为，做出凶险的
事情。

认识永恒就能不偏不倚，不偏不倚就能公正无私，公正无私就能治国安邦，治国安邦就是符合上天，符合上天也就是符合道，符合道就可以长久，终身没有危险。

十七章

太上，下知有之；

其次，亲而誉之；

其次，畏之；

其次，侮之。

信不足焉，有不信焉。

悠兮其贵言；

功成事遂，百姓皆谓："我自然。"

译文

上面做得好，百姓不知他们的存在；

差，百姓夸赞他们；

更差，百姓畏惧他们；

最差，百姓咒骂他们。

上面不讲信用，自然没人相信他们。

上面清净寡欲，不发号施令；

取得成功后，人们都说："我们本来就应该这样。"

十八章

大道废，有仁义；

智慧出，有大伪。

六亲不和，有孝慈；

邦家昏乱。有忠臣。

译文

放弃信守道，私亲偏爱和拉帮结派就会

出现；

用巧智治国，大奸大伪就会出现。

家庭不和，就会有慈父孝子；

庙堂腐朽，就会有忠臣廉吏。

十九章

绝圣弃智，民利百倍；

绝仁弃义，民复孝慈；

绝巧弃利，盗贼无有。

此三者，以为文不足。

故，令有所属，见素抱朴，少私寡欲，绝学无忧。

译文

杜绝推崇圣贤放弃巧智治国，百姓受益百倍；

杜绝私亲偏爱放弃拉帮结派，百姓互敬互爱；

杜绝投机取巧放弃与民争利，盗贼无从产生。

以上三条作为治国的理论，还不够。

所以，使百姓有精神归属，外表朴素而内心纯朴，没有私心杂念，杜绝世俗学问而无烦忧。

二十章

唯之与阿，相去几何？

善之与恶，相去若何？

人之所畏，不可不畏；

荒兮其未央哉！

众人熙熙，如享太牢，如春登台；

我独泊兮其未兆，沌沌兮如婴儿之未孩，
儽儽兮若无所归。

众人皆有余，而我独若遗；

我愚人之心也哉！

俗人昭昭，我独昏昏；

俗人察察，我独闷闷。

众人皆有以，而我独顽似鄙；

我独异于人，而贵食母。

译文

应答与呵斥，相差几分？

美好与丑恶，怎样区分？

别人畏惧的，不能不畏惧；

这种自古就有的盲从风气何时才能停止！

别人都兴高采烈，好像参加盛大的筵席，好像春天登台远眺；

只有我淡泊宁静无动于衷，混混沌沌好像不会发出笑声的婴儿，疲惫困惑好像迷失了归途。

别人都感觉非常成功，只有我感觉非常失败；

我真有一颗愚蠢的心！

别人都那么精明，只有我如此糊涂；

别人都那么敏锐，只有我如此迟钝。

别人都自命不凡，只有我愚笨鄙陋；

只有我与别人不同，重视并信守道。

二十一章

孔得之容，惟道是从。

道之为物，惟恍惟惚：

惚兮恍兮其中有象，恍兮惚兮其中有物，

窈兮冥兮其中有精；

其精甚真，其中有信。

自古及今，其名不去，以阅众甫。

吾何以知众甫之状哉？以此。

译文

最大的成就，来自于道。

道的样子，是模糊不定的：

模糊之中有她的形象，不定之中有她的存在，幽深之中有她的精神；

她的精神非常真实，非常确切。

从古至今，她的名字从未消失过，可以根据她来认识万物的起始。

我是如何知晓万物的起始呢？由道而知。

二十二章

曲则全，枉则直；

洼则盈，敝则新；

少则得，多则惑。

是以，圣人抱一为天下式：

不自见，故明；

不自是，故彰；

不自伐，故有功；

不自矜，故长。

夫唯不争，故天下莫能与之争。

古之所谓"曲则全"者，岂虚言哉？诚全
而归之。

译文

让步反能保全，弯曲反能伸直；

低洼才能满盈，敝旧才能出新；

少取反而多得，贪多反而迷惑。

因此，信道者把道做为全天下的榜样：

不自我卖弄，所以明智；

不自以为是，所以显著；

不自我夸赞，所以有功；

不狂妄自大，所以长久。

因为信道者不争名夺利，所以没人能与他们竞争。

古时候所说的"让步反能保全"，这哪里是假话呢？确实能够使人全身而退。

二十三章

希言自然：

故，飘风不终朝，骤雨不终日。

孰为此者？天地。

天地尚不能久，而况于人乎？

故，从事于道者，道者同于道；

德者，同于德；

失者，同于失。

同于道者，道亦乐得之；

同于德者，德亦乐得之；

同于失者，失亦乐得之。

译文

不发号施令而使万物自然发展：

所以，狂风不会一直刮不停，暴雨不会总
是下不完。

谁使它们这样呢？天地自然。

天地自然的狂暴且不能持久，更何况人
的肆意妄为呢？

所以，信守道的，照着道去做；

遵守律法的，照着律法去做；

走向灭亡的，照着灭亡去做。

照着道去做的，道也乐意成全他们；

照着律法去做的，律法也乐意成全他们；

照着灭亡去做的，灭亡也乐意成全他们。

（德：公德，律法。）

二十四章

企者不立，跨者不行。

自见者不明，自是者不彰；

自伐者无功，自矜者不长。

其在道也，曰：余食赘行，物或恶之。

故，有道者不处。

译文

抬起脚跟无法久立，跨步前进无法远行。

自我卖弄不明智，自以为是不显著；

自我夸赞没有功，狂妄自大不长久。

从道来看，就是说：吃不下的食物和多余

的行为，谁都厌恶。

所以，信道者不会这样做。

二十五章

有物混成，先天地生：

寂兮寥兮，独立而不改，周行而不殆，可以为天下母。

吾不知其名，强字之曰道，强为之名大；

大曰逝，逝曰远，远曰返。

故，道大，天大，地大，人亦大。

域中有四大，而人居其一焉。

人法地，地法天，天法道，道法自然。

译文

道浑然为一，出现在天地自然之前：

她寂静无形，独立存在而永不改变，周行复始而永不停止，可以称她为天下万物之母。

我不知她的名字，只好称她为道，只能叫她无边无际；

无边无际又叫做逝去，逝去又叫做极远，极远又叫做返回。

所以，道伟大，天伟大，地伟大，人也伟大；

宇宙中有四大，而人只不过是其中之一。

人遵循地，地遵循天，天遵循道，道使万物自然发展。

二十六章

重为轻根，静为躁君。

是以，圣人终日行不离辎重；

虽有荣观，燕处超然。

奈何万乘之主而以身轻天下？

轻则失根，躁则失君。

译文

稳重是轻率的根本，平静是浮躁的主宰。

因此，信道者外出远行不离开挂着帷帐

的大车；

虽有佳肴美景，却能泰然自若。

侯王轻率浮躁会怎样呢？

轻率就会失去其根本，浮躁就会失去其

主宰。

二十七章

善行无辙迹,善言无瑕谪,善数不用筹策;

善闭无关楗而不可开，善结无绳约而不可解。

是以，圣人常善救人，故无弃人;

常善救物，故无弃物。

是谓袭明。

故，善人者不善人之师，不善人者善人之资;

不贵其师，不爱其资，虽智大迷。是谓要妙。

译文

善于驾车的人不留车印，善于辩论的人没有破绽，善于计算的人不用筹码；

善于关闭的人不用门闩而没人能开，善于捆绑的人不打绳结而没人能解。

因此，信道者总是善于发掘别人的长处，所以没有废人；

总是善于发现万物的优点，所以没有废物。

这叫做隐藏的明智。

所以，善于这样做的是不善于这样做的老师，后者是前者的鉴戒；

不重视自己老师的，不珍惜自己鉴戒的，虽自以为聪明却是最大的迷糊。

这叫做重要的奥妙。

二十八章

知其雄，守其雌，为天下谿；

为天下谿，常得不离，复归于婴儿。

知其白，守其辱，为天下谷；

为天下谷，常得乃足，复归于朴。

朴散则为器，圣人用之，则为官长。

故，大制不割。

译文

知晓什么是狂妄自满，而坚守平静虚心，宁作全天下的溪谷；

作为全天下的溪谷，收获永远不会离去，回归于婴儿般的平和无欲。

知晓什么是光彩显耀，而甘愿平凡无闻，宁作全天下的空谷；

作为全天下的空谷，收获永远充足，回归于纯洁质朴。

使纯洁质朴普遍才是治国的关键，信道者采用这个关键，就可以治理国家。

所以，使百姓归真返朴的制度不会伤害

百姓。

二十九章

将欲取天下而为之，吾见其不得已：

天下神器，不可为也，不可执也；

为者败之，执者失之。

是以，圣人为无为，故无败；

无执，故无失。

夫物或行或随，或歔或吹，或强或羸，

或载或隳；

是以，圣人去甚，去奢，去泰。

译文

想用肆意妄为的方式管理好国家，我断定这是不可能的：

国家是神圣的公器，不可肆意妄为，不可擅自把持；

肆意妄为注定败坏，擅自把持注定失去。

因此，信道者不肆意妄为，所以不会败坏；

不擅自把持，所以不会失去。

有的人跑得快有的人跑得慢，有的人性

子缓有的人性子急，有的人强壮有的人赢弱，有的人勤劳有的人懒惰；

因此，信道者不过度，不过分，不极端。

三十章

以道佐人主者,不以兵强天下,其事好还：

师之所处，荆棘生焉；

大军之后，必有凶年。

善有果而已，不敢以取强；

果而勿矜，果而勿伐，果而勿骄，果而不得已，果而勿强。

物壮则老，是谓不道，不道早已。

译文

信道者辅佐国君治国，不会靠兵力去逞强，因为用兵之后很快会遭受报应：

军队驻扎过的地方，荆棘丛生；

大战之后，必有大饥荒。

善于用兵的人只求胜利而已，不敢凭借武力去逞强；

胜利了而不自大，胜利了而不自夸，胜利了而不骄傲，胜利是出于不得已，胜利了而不要再逞强。

人一旦气盛就会走向衰败，这叫做大逆不道，大逆不道就会提前灭亡。

三十一章

夫兵者不祥之器，物或恶之，故有道者不处。

君子居则贵左，用兵则贵右。

兵者不祥之器，非君子之器，不得已而用之，恬淡为上。

胜而不美，而美之者是乐杀人；

夫乐杀人者，不可以得志于天下矣。吉事尚左，凶事尚右；

偏将军居左，上将军居右，言以丧礼处之。

杀人之众，以哀悲泣之。

战胜，以丧礼处之。

译文

出兵打仗是不吉祥的事情，谁都厌恶，所以信道者不以兵力去逞强。

国君平时以左手边的文臣为上，打仗时以右手边的武将为上。

出兵打仗是不吉祥的事情，不是国君应该做的，是由于不得已，保持平淡低调为好。

胜利了而不要去赞美，赞美胜利就是以
杀人为乐；

以杀人为乐，就会失去全天下的支持。

喜事以高堂的左边为上，丧事以灵堂的
右边为上；

偏将军站在上将军的左边，上将军站在
偏将军的右边，也就是说用丧礼的形式
对待出兵打仗。

由于死伤众多，要以肃穆的心情参战；

胜利了，也要用丧礼的仪式去对待。

三十二章

道常无名，朴；

虽小，天下莫能臣。

侯王若能守之，万物将自宾。

天地相合，以降甘露，民莫之令而自均。

始制有名，名亦既有，夫亦将知止：

知止可以不殆。

譬道之在天下，犹川谷之于江海。

译文

道总是默默无闻，纯洁质朴；

虽然隐微不显，但没人能支配她。

侯王若能信守道，一切都将自然有序。

天地之间冷热空气相交，就会降下雨露，
没人命令而自动调配。

天下万物从出现伊始便有了自己的字，
名字也叫做有，那么也就该明白适可而
止：

明白适可而止可以避免危险。

全天下对于道，就像百川归于江海。

三十三章

知人者智，自知者明；

胜人者有力，自胜者强。

知足者富，强行者有志；

不失其所者久，死而不亡者寿。

译文

了解别人只是聪明，了解自己才是明智；

战胜别人只是有实力，战胜自己才是强大。

知足才会富有，坚持不懈才叫有志气；

不失根本才会长久，身死而精神不灭才

叫长寿。

三十四章

天下皆谓我："道大，似不肖。"

夫唯大，故似不肖；

若肖，久矣其细也夫！

大道泛兮，其可左右；

万物恃之以生而不辞，功成不名有。

衣被万物而不为主，可名于小；

万物归焉而不为主，可名为大。

以其终不自为大，故能成其大。

译文

人们都对我说："道伟大，却不像。"

因为伟大，所以不像；

如果像伟大，她早就微不足道了！

道广泛而又普遍，无处不在；

天下万物依靠她生存而她从不推辞，依靠她成功而她从不占有。

道覆盖万物而不自以为主宰，可以叫做隐微；

道被万物归依而不自以为主宰，可以叫做伟大。

因为道始终不以伟大自居，所以成就了她的伟大。

三十五章

执大象，天下往；

往而不害，安平泰。

乐与饵，过客止；

道之出口淡乎其无味，视之不足见，听之

不足闻，用之不足既。

译文

信道者，全天下都会来投奔；

投奔而不会受伤害，百姓安居乐业。

音乐和美食，能使行人停下脚步；

道平淡无味，看她看不见，听她听不着，

但她的作用永不停止。

三十六章

将欲歙之，必固张之；

将欲弱之，必固强之；

将欲废之，必固兴之；

将欲取之，必固与之。

是谓微明。

柔弱胜刚强；

鱼不可脱于渊，国之利器不可以示人。

译文

有时候开启，是为了关闭；

有时候增强，是为了削弱；

有时候捧起，是为了废黜；

有时候付出，是为了获得。

这叫做隐微的明智。

虚心谨慎必胜固执逞强；

鱼不能脱离深渊，邦国的武器不能展示。

三十七章

道常无为，而无不为。

侯王若能守之，万物将自化；

化而欲作，吾将镇之以无名之朴。

镇之以无名之朴，夫亦将无欲；

不欲以静，天下将自正。

译文

道总是不肆意妄为，而没有做不成的。

侯王若能信守道，天下万物将自动开化；

开化后而欲望生，我将用道的纯洁质朴来制止。

用道的纯洁质朴来制止，人们就不会胡思乱想；

不胡思乱想而趋于平静，国家自然会公正严明。

三十八章

上得不得，是以有得；

下得不失得，是以无得。

上得无为，而无以为；

下得为之，而有以为。

上仁为之，而有以为；

上义为之，而有以为；

上礼为之，而莫之应，则攘臂而扔之。

故，失道而后得，失得而后仁，失仁而后义，失义而后礼。

夫礼者，忠信之薄，而乱之首。

前识者，道之华，而愚之始。

是以，大丈夫处其厚，不居其薄；

处其实，不居其华。

故，去彼取此。

译文

有功的人不炫耀功绩，因此有功；

没有功的人炫耀功绩，因此没有功。

有功的人不肆意妄为，且没有私心；

没有功的人肆意妄为，且有私心。

不公正的人肆意妄为，且有私心；

拉帮结派的人肆意妄为，且有私心；

搞特权的人肆意妄为，但没人响应，就撸起袖子除掉异己。

所以，失去道之后会出现炫耀功绩，之后会出现私亲偏爱，之后会出现拉帮结派，之后会出现特权制度。

特权制度，标志着忠诚信用的崩溃，是大乱的祸首；

预测命运，只是认识了道的表面，是愚昧的开始。

因此，做人要立足于深远，而不于短浅；

要立足于真实，而不于表面。

所以，抛弃短浅和表面，只取深远和真实。

三十九章

昔之得一者：

天得一以清，地得一以宁，神得一以灵，

谷得一以盈，万物得一以生，侯王得一以

为贵高。

其致之也：

天无以清将恐裂，地无以宁将恐废，神无

以灵将恐歇，谷无以盈将恐竭，万物无以

生将恐灭，侯王无以贵高将恐蹶。

故，贵以贱为本，高以下为基；

是以，侯王自谓孤、寡、不穀。

此非以贱为本邪？

故，致誉无誉。

是故，不欲琭琭如玉，珞珞如石。

译文

古时候信守道的：

天信守道所以清明，地信守道所以宁静，神信守道所以精神不灭，谷信守道所以满盈，天下万物信守道所以存在，侯王信守道所以受百姓尊敬。

进一步说就是:

天失去清明就要崩裂, 地失去宁静就要塌陷, 神失去不灭的精神就要终止, 谷失去满盈就要枯竭, 天下万物失去存在就要灭亡, 侯王失去百姓的尊敬就要亡国。

所以, 虚心是受尊重的根本, 谦让是被敬佩的基础;

因此, 侯王自称为无得、寡恩、或不善。

这不正是把虚心作为根本吗?

所以, 至上荣誉不妄自夸赞;

因此，不愿做晶莹的美玉，而宁做朴素的顽石。

四十章

反者，道之动；

弱者，道之用。

天下万物生于有，有生于无。

反向而行，是道运动的方向；

隐微不显，是道作用的特征。

天下万物生根于有，有生根于无。

四十一章

上士闻道，勤而行之；

中士闻道，若存若亡；

下士闻道，大笑之。

不笑，不足以为道！

故，《建言》有之：

明道若昧，进道若退，夷道若颣；

上得若谷，广得若不足，建得若偷；

大白若辱，质真若渝，大方无隅；

大器免成，大音希声，大象无形。

道隐无名，夫唯道，善贷且成。

译文

明智的人听说了道，努力照做；

聪明的人听说了道，将信将疑；

愚昧的人听说了道，大肆嘲笑。

不被嘲笑，道反不值一提！

所以，《建言》上说：

大道光明看似暗昧，大道向前看似后退，

大道坦直看似崎岖；

有功的人看似空谷，博学的人看似不足，勤劳的人看似怠惰；

最光荣的事情看似屈辱，最纯真的质地好像混浊，最正直的言辞没有伤人的棱角；

最重要的事无需认同，最大的声音无声无息，最大的象无形无象。

道隐微不显，只有道，善于帮助且成就天下万物。

四十二章

道生一，一生二，二生三，三生万物；

万物负阴而抱阳，冲气以为和。

人之所恶，唯孤、寡、不榖，而王公以为称；

故，物或损之而益，或益之而损。

人之所教，我亦教之：强梁者不得其死。吾将以为教父。

译文

道浑然为一，道生无和有，无和有生天、地、人，天、地、人生万事万物；

天下万物都包含有利和有害的一面，是利害两面性的统一。

人们所厌恶的是，无得、寡恩、和不善这些字，而王公却用这些字来称呼自己；

所以，人或者贬低自己而获得抬高，或者抬高自己而反受贬低。

别人教给我的，我也教给别人：固执逞强的人没有好下场。

我要把这句话作为施教的开始。

四十三章

天下之至柔，驰骋天下之至坚；

无有入无间，吾是以知无为之有益。

不言之教，无为之益，天下希及之。

译文

世上最柔和的，能够驾驭世上最坚硬的；

能够进入没有间隙的实体之中，我因此
明白了不肆意妄为的好处。

不发号施令的教导，不肆意妄为的好处，

很少有人能够明白。

四十四章

名与身孰亲？

身与货孰多？

得与亡孰病？

甚爱必大费，多藏必厚亡；

故，知足不辱，知止不殆，可以长久。

译文

出名和自我哪一个更亲近？

自我和获利哪一个更重要？

获得名利和失去自我哪一个更危险？

喜爱越甚必然破费越大，收藏越多必然
损失越惨；

所以，知足不会陷入困境，节制不会遭遇
危险，可以长久。

四十五章

大成若缺，其用不弊；

大盈若冲，其用不穷。

大直若屈，大巧若拙；

大辩若讷，大赢若绌。

躁胜寒，静胜热；

清静为天下正。

译文

最完整的好像残缺，而她的作用不会停止；

最充盈的好像空虚，而她的作用不会穷尽。

最直的看似弯曲，最灵巧的看似笨拙；

最善辩的看似口讷，最赢利的看似赔本。

平静战胜浮躁，镇定战胜冲动；

清净寡欲使国家公正严明。

四十六章

天下有道，却走马以粪；

天下无道，戎马生于郊。

祸莫大于不知足，咎莫大于欲得；

故，知足之足，常足矣。

译文

全天下信守道，马匹用来施肥；

全天下背离道，战马在战场产仔。

最大的灾祸是不知足，最大的罪过是贪

得无厌；

所以，满足于知足，才会永远满足。

四十七章

不出户，知天下；

不窥牖，见天道。

其出弥远，其知弥少；

是以圣人不行而知,不见而名,不为而成。

译文

不必出门远行，便可知晓国家的状况；

不必窥探天象，便可看见国家的命运。外
出越远，对国家的认识越少；

因此，信道者不出门远行而知情，不窥探天象而明白，不肆意妄为而成功。

四十八章

为学日益，为道日损；

损之又损，以至于无为。

无为而无不为。

取天下常以无事：

及其有事，不足以取天下。

是以，圣人欲不欲，不贵难得之货；

学不学，复众人之所过；

以辅万物之自然，而不敢为也。

译文

照着世俗学说去做欲望日增，照着道去
做欲望日减；

欲望不断减少，直至不再肆意妄为。

不肆意妄为则没有做不成的。

管理国家永远不要肆意妄为：

若肆意妄为，则不配管理国家。

因此，信道者不胡思乱想，不贵重奇珍异
宝；

不学世俗学说，纠正世人的过错；

使万物自然发展，而不敢为所欲为。

四十九章

圣人无常心，以百姓心为心。

善者，吾善之；

不善者，吾亦善之：

得善。

信者，吾信之；

不信者，吾亦信之：

得信。

圣人在天下歙歙焉，为天下浑其心；

百姓皆注其耳目，圣人皆孩之。

译文

得道者没有私心杂念，总是以公心为私心。

善者，我帮助他们；

不善者，我也帮助他们：

实现善。

讲信用的人，我对他们讲信用；

不讲信用的人，我也对他们讲信用：

实现信。

信道者治理国家不发号施令，内心不偏不倚；

人们都注重声色欲望，而信道者使他们回归婴儿般的平和无欲。

五十章

出生入死：

生之徒，十有三；

死之徒，十有三；

人之生，而动之于死地，亦十有三。

夫何故？以其生生之厚。

盖闻善摄生者，陆行不遇兕虎，入军不被甲兵；

兕无所投其角，虎无所措其爪，兵无所容其刃。

夫何故？以其无死地也。

译文

从生到死：

长寿的，占十分之三；

短命的，占十分之三；

本来可以长寿，却自寻死路的，也占十分之三。

原因何在？因为他们奢侈享乐。

曾听说善于保护生命的人，在陆地上不会遇见犀牛和猛虎，参军不会被兵器所伤；

犀牛无处撞击它的角，猛虎无处使用它的爪，兵器无处施展它的刃。

原因何在？因为他们不自寻死路。

五十一章

道生之，德畜之，物形之，势成之；

是以，万物莫不尊道而贵德。

道之尊，德之贵，夫莫之命而常自然。

故，道生之，德畜之，长之育之，亭之毒之，养之覆之；

生而不有，为而不恃，长而不宰。

是谓玄德。

译文

道生万物，律法养护万物，人区分万物，环境造就万物；

因此，天下万物都尊崇道且重视律法。

道被尊崇，律法被重视，是因为他们从不发号施令而总是使万物自然发展。

所以，道生万物，律法养护万物，使万物生长发展，让万物成熟繁衍，给万物滋养保护；

万物出现而不占有，万物发展而不依仗，万物长成而不主宰。

这叫做最伟大的功绩。

五十二章

天下有始，以为天下母。

既得其母，以知其子；

既知其子，复守其母，没身不殆。

塞其兑，闭其门，终身不勤；

开其兑，济其事，终身不救。

见小曰明，守柔曰强；

用其光，复归其明，无遗身殃。

是谓袭常。

译文

天下万物生于有，作为万物的根基。

既然认识了万物的根基，就可以认识万物；

既然认识了万物，就要回去守护万物的根基，这样终身没有危险。

关闭欲念，紧闭诱惑的源头，终身没有祸患；

放开欲念，打开纵欲的途径，终身不可救药。

观察细微叫做明智，保持虚心叫做强大；

开启智慧之光，回归审慎的明智，不给自己留下灾殃。

这叫做隐藏的长远。

五十三章

使我介然有知，行于大道，唯施是畏。

大道甚夷，而民好径：

朝甚除，田甚芜，仓甚虚；

服文彩，戴利剑，厌饮食，财货有余。

是为盗竽，非道也哉！

译文

假使我稍微明智一点，就践行大道，而生
怕误入歧途。

大道非常坦直，但人们偏喜欢歪门邪道：

宫殿非常豪华，农田非常荒芜，粮仓非常空虚；

穿着华丽的服饰，佩戴锋利的宝剑，吃腻丰盛的筵席，霸占用不完的财物。

这叫做强盗头子，真是大逆不道！

五十四章

善建者不拔，善抱者不脱，子孙以祭祀不
辍。

修之于身，其得乃真；

修之于家，其得乃余；

修之于乡，其得乃长；

修之于邦，其得乃丰；

修之于天下，其得乃普。

故以身观身，以家观家，以乡观乡，以邦观邦，以天下观天下。

吾何以知天下然哉？以此。

译文

意志坚定的人不会放弃道，虔诚不渝的人不会脱离道，不会子孙断绝。

一人信守道，一人的收获一定真实；

一家信守道，一家的收获一定充余；

一乡信守道，一乡的收获一定长久；

一邦国信守道，一邦国的收获一定丰硕；

全国信守道，全国的收获一定普遍。

所以，从一人的信仰可知一人，从一家的信仰可知一家，从一乡的信仰可知一乡，从一邦国的信仰可知一邦国，从全国的信仰可知全国。

我为什么了解全国的状况呢？就是用这个办法。

五十五章

含得之厚，比于赤子：

毒虫不螫，猛兽不据，攫鸟不搏；

骨弱筋柔而握固，未知牝牡之合而朘作，
精之至也；

终日号而不嗄，和之至也。

知和曰常，知常曰明；

益生曰祥，心使气曰强。

物壮则老，谓之不道，不道早已。

译文

成就深的人，好比刚出生的婴儿：

毒虫不蜇，猛兽不伤，恶鸟不抓；

身体柔弱而拳头紧握，不知男女交合而小生殖器常常勃起，这是精神充沛的原故；

整天号哭而嗓子不哑，这是平和无欲的原故。

知晓平和无欲叫做永恒，知晓永恒叫做明智；

奢侈享乐叫做灾殃，私心杂念支配精力叫做逞强。

人一旦气盛就会走向衰败，这叫做大逆不道，大逆不道则提早灭亡。

五十六章

知者不言，言者不知。

塞其兑，闭其门；

挫其锐，解其纷；

和其光，同其尘。

是谓玄同。

故，不可得而亲，不可得而疏；

不可得而利，不可得而害；

不可得而贵，不可得而贱。

故，为天下贵。

译文

明智的人不发号施令，发号施令的人不明智。

关闭欲念，紧闭诱惑的源头；

挫折世人的傲气，化解世人的纷争；

融合世人的智慧，规范世人的习俗。

这叫做最长远的大同。

所以，不可自恃有功而偏爱，不可自恃有功而疏远；

不可自恃有功而利己，不可自恃有功而害人；

不可自恃有功而自负，不可自恃有功而轻视。

所以，被全天下尊重。

五十七章

以正治邦，以奇用兵，以无事取天下。

吾何以知其然哉？以此：

天下多忌讳，而民弥贫；

民多利器，邦家滋昏；

人多伎巧，奇物滋起；

法令滋彰，盗贼多有。

故，圣人云：

我无为，而民自化；

我好静，而民自正；

我无事，而民自富；

我无欲，而民自朴。

译文

以公正严明的态度治国，以出其不意的
谋略用兵，以不肆意干涉的方式理政。

我为什么清楚是这样的呢？依据在此：

禁忌越多，百姓越穷苦；

武器越多，社会越混乱；

巧智越多，怪事越常见；

号令越多，盗贼越多有。

所以，信道者说：

我遵纪守法，百姓自然开化；

我庄重好静，百姓自然端正；

我不肆意干涉，百姓自然富足；

我平和无欲，百姓自然纯朴。

五十八章

其政闷闷，其民淳淳；

其政察察，其民缺缺。

祸兮福之所倚，福兮祸之所伏。

孰知其极？其无正也。

正复为奇，善复为妖；

人之迷，其日固久。

是以圣人方而不割，廉而不刿，直而不肆，
光而不耀。

译文

上面不肆意干涉，百姓纯朴正直；

上面肆意干涉，百姓刁钻狡猾。

好运和厄运相依，厄运和好运相伴；

有谁知晓最终的结果呢？没有绝对的答案。

正确反成错误，好事反成坏事；

人们陷入迷惑，已经很久了。

因此，信道者正直而不伤人，果断而不

专横，坦率而不放肆，智慧而不炫耀。

五十九章

治人事天，莫若啬：

夫唯啬，是谓早服；

早服，谓之重积得；

重积得，则无不克；

无不克，则莫知其极；

莫知其极，可以有邦；

有邦之母，可以长久。

是谓根深固柢，长生久视之道。

译文

治理国家遵循上天，没有比节约更重要的：

节约，就是事先做好准备；

事先做好准备，就是不断积累收获；

不断积累收获，则没有不能客服的困难；

没有不能客服的困难，则力量不可预测；

力量不可预测，则可以担负领导邦国的重任；

掌握了领导邦国的根基，则可以长久。

这叫做坚实牢靠，长治久安的治国道理。

六十章

治大邦，若烹小鲜。

以道莅天下，其鬼不神；

非其鬼不神，其神不伤人。

非其神不伤人，圣人亦不伤人；

夫两不相伤，故得交归焉。

译文

治理偌大的邦国，如同烹煮偌小的虾蟹。

将道作为全天下的榜样，则奸邪伪诈的人不会出现；

并不是奸邪伪诈的人没有了，而是他们无法蛊惑人心。

不仅奸邪伪诈的人无法蛊惑人心，信道者也无法蛊惑人心；

奸邪伪诈的人和信道者都无法蛊惑人心，所以收获都归于百姓。

六十一章

大邦者下流，天下之牝，天下之交也。

牝常以静胜牡，以静为下。

故，大邦以下小邦，则取小邦；

小邦以下大邦，则取大邦。

故，或下以取，或下而取。

大国不过欲兼畜人，小国不过欲入事人；

夫两者各得其所欲，大者宜为下。

译文

大邦国要像江海那样处于百川的下游，

成为全国的根基，成为全国的中心。

虚心的人总是依靠平静战胜狂妄的人，

依靠平静处于谦逊的态度。

所以，大邦国以谦逊的态度对待小邦国，

可以取得小邦国的信赖；

小邦国以谦逊的态度对待大邦国，可以

获得大邦国的信任。

所以，或者大邦国以谦逊的态度取得小邦国的信赖，或者小邦国以谦逊的态度获得大邦国的信任。

大邦国不过想领导小邦国，小邦国不过想依靠大邦国；

这样双方都能实现愿望，大邦国更应该具有谦逊的态度。

六十二章

道者，万物之奥，善人之宝，不善人之所保。

美言可以市尊，美行可以加人；

人之不善，何弃之有？

故，立天子，置三公，虽有拱璧以先驷马，不如坐进此道。

古之所以贵此道者何？不曰：求以得，有罪以免邪？

故，为天下贵。

译文

道，天下万物存亡的奥秘，善者的宝贝，不善者也应该保留的。

美好的言辞可以博得人们的尊敬，美好的行为可以获得人们的敬佩；

即使是不善者，又有什么理由抛弃这个道理呢？

所以，在天子即位，大臣就职时，虽然有隆重的仪式，却不如把这个道理作为献礼。

古时候的人们为什么重视这个道理呢？

不是说：这样做就会有求必应，有过错可以被原谅吗？

所以，被全天下重视。

六十三章

为无为，事无事，味无味。

大小，多少；

图难于其易，为大于其细。

天下难事必作于易，天下大事必作于细；

是以，圣人终不为大，故能成其大。

夫轻诺必寡信，多易必多难；

是以，圣人犹难之，故终无难矣。

译文

不肆意妄为，不肆意干涉，不肆意调味。

大生于小，多生于少；

解决难事要在它容易的时候，处理大事要在它细微的时候。

难事一定在开始时容易，大事一定在开始时细微；

因此，信道者不会等事态严重时去处理，所以能够成就他们的伟大。

轻易承诺必然很少能够兑现，轻视困难必然遭受更多困难；

因此，信道者不轻视困难，所以始终没有

困难。

六十四章

其安易持，其未兆易谋；

其脆易泮，其微易散。

为之于未有，治之于未乱。

合抱之木，生于毫末；

九层之台，起于累土；

千里之行，始于足下。

民之行事，常于几成而败之；

慎终如始，则无败事。

译文

事态安定时容易把持，事态不明显时容易谋划；

事态不严重时容易处理，事态细微时容易解决。

处理危机要在它尚未出现的时候，治理混乱要在它尚未爆发的时候。

合抱的大树，生于细小的萌芽；

九层的高台，起于最底层的累土；

千里的远行，始于脚下的第一步。

人们做事情，总是在接近成功时失败；

慎始慎终，则不会半途而废。

六十五章

古之善为道者，非以明民，将以愚之：

民之难治，以其智多。

故，以智治邦，邦之贼；

不以智治邦，邦之福。

知此两者，亦稽式；

常知稽式，是谓玄得。

玄得深矣远矣，与物返矣，然后乃至大顺。

译文

古时候善于照着道去做的人，不教百姓奸诈取巧，而教百姓纯朴正直：

百姓之所以难于管理，是因为他们的巧智太多。

所以，用巧智管理邦国，是邦国的灾难；

不用巧智管理邦国，是邦国的幸运。

知晓了这两者的不同，也就知晓了治国的方式；

永远铭记这个治国方式，叫做最大的成就。

这个成就影响深远，使人归真返朴，然后

国家秩序井然。

六十六章

江海所以能为百谷王者，以其善下之，故能为百谷王。

是以，圣人欲上民，必以言下之；

欲先民，必以身后之。

是以，圣人处上，而民不重；

处前，而民不害。

是以，天下乐推而不厌；

以其不争，故天下莫能与之争。

译文

江海之所以能够成为百川的首领，是因为江海善于处在百川的下游，所以能够成为百川的首领。

因此，信道者要管理百姓，一定对百姓使用谦逊的言辞；

要领导百姓，一定把百姓的利益放在自己的前面。

因此，信道者管理百姓，而百姓不会有负担；

领导百姓，而百姓不会受损害。

因此，百姓都愿意支持而不厌恶他们；

因为不与百姓争名利，所以没人能与他
们竞争。

六十七章

我有三宝，持而保之：

一曰慈，二曰俭，三曰不敢为天下先。

慈，故能勇；

俭，故能广；

不敢为天下先，故能成器长。

今舍慈且勇，舍俭且广，舍后且先，死矣！

夫慈，以战则胜，以守则固；

天将救之，以慈卫之。

译文

我有三件宝贝，保持并保留着：

一是无私，二是节俭，三是不与百姓争利。

无私，所以能够勇敢；

节俭，所以能够长久；

不与百姓争利，所以能够成为国家的首长；

现在放弃无私却要勇敢，放弃节俭却要长久，放弃不与百姓争利却要领导百姓，这是死路一条！

无私用来进攻就会获胜，用来防御就会

稳固；

上天将要拯救谁，她就用无私来武装谁。

六十八章

善为士者不武，善战者不怒；

善胜敌者不与，善用人者为之下。

是谓不争之得,是谓用人之力,是谓配天。

古之极也。

译文

善于帅兵的人不炫耀武力，善于作战的

人不动怒气；

善于取胜的人不正面交锋，善于用人的人谦逊卑下。

这叫做不靠争强好胜而取得的成就，这叫做借用别人的力量，这叫做符合道。

这是古时候最高明的方法。

六十九章

用兵者有言：吾不敢为主而为客，不敢进寸而退尺。

是谓行无行，攘无臂，扔无敌，执无兵。

祸莫大于轻敌，轻敌几丧吾宝；

故，抗兵相加，哀者胜矣。

译文

帅兵的人说过：我不敢进攻而防御，不入侵一寸而退守一尺。

这叫做不摆阵，不撸袖子，不杀敌，不动兵器。

灾祸没有比轻敌更大的，轻敌几乎毁掉了我的宝贝。

所以，当对抗双方的兵力相当时，一定是肃穆冷静的一方获胜。

七十章

吾言甚易知，甚易行；

天下莫能知，莫能行。

言有宗，事有君；

夫唯无知，是以不我知。

知我者希，则我者贵；

是以，圣人被褐而怀玉。

译文

我的话很容易理解，很容易照做；

却没人理解，没人照做。

我说话有主题，做事有主旨；

因为人们狂妄无知，因此没人理解我。

理解我的人少，照我话做的人少之又少；

因此，信道者就好比身穿粗布衣而怀揣
美玉。

七十一章

知不知，尚矣；

不知不知，病矣。

圣人不病，以其病病；

夫唯病病，是以不病。

译文

知晓自己不明智，最好；

不知自己不明智，灾祸。

信道者没有灾祸，是因为他们明白什么

是灾祸；

因为明白什么是灾祸，因此没有灾祸。

七十二章

民不畏威，则大威至：

无狎其所居，无厌其所生；

夫唯不厌，是以不厌。

是以，圣人自知而不自见，自爱而不自贵。

故，去彼取此。

译文

当百姓不再惧怕威胁时，则大乱将要来临。

不要肆意霸占百姓的居所，不要肆意压榨百姓的生活；

因为不压榨，因此百姓不会厌恶他们。

因此，信道者明智而不卖弄，自重而不自负。

所以,抛弃卖弄和自负,只取明智和自重。

七十三章

勇于敢则杀，勇于不敢则活；

此两者，或利或害。

天之所恶，孰知其故？

天之道不争而善胜，不言而善应，不召而
自来，繟然而善谋；

天网恢恢，疏而不失。

译文

无所畏惧则死，有所忌惮则活；

以上两者，各有利害。

上天厌恶哪一个，有谁知晓呢？

上天不争名夺利而善于获胜，不发号施令而善于回应，不呼唤召见而自动前来，缓缓不息而善于谋划；

命运的网宽广无边，稀疏而无所遗漏。

七十四章

民不畏死，奈何以死惧之？

若使民常畏死,而为奇者,吾得执而杀之,孰敢？

常有司杀者杀，夫代司杀者杀，是谓代大匠斫；

夫代大匠斫者，希有不伤手者矣。

译文

当百姓不再惧怕死亡时，用死来吓唬他们有什么用呢？

假使人们总是害怕死亡，对于那些作恶的人，我抓住并杀掉，那么谁还敢作恶？

总是有掌管司法的来定罪，而代替掌管司法的来定罪，就是代替木匠砍削木头；

代替木匠砍削木头，很少有不砍伤自己手的。

七十五章

民之饥，以其上食税之多，是以饥；

民之难治，以其上之有为，是以难治；

民之轻死，以其上求生之厚，是以轻死。

夫唯无以生为者，是贤于贵生。

译文

百姓饥贫，是因为上面征税太多，因此饥贫；

百姓难于管理，是因为上面人治妄为，因此难于管理；

百姓冒死反抗，是因为上面穷奢极欲，因此冒死反抗。

不求奢侈享乐的人，比奢侈享乐的人高明。

七十六章

人之生也柔弱，其死也坚强；

草木之生也柔脆，其死也枯槁。

故坚强者死之徒，柔弱者生之徒；

是以，兵强则灭，木强则折。

强大处下，柔弱处上。

译文

人活着时身体柔软，死后身体僵硬；

草木活着时枝叶柔嫩，死后枝叶干枯。

所以，固执逞强属于死后的僵硬干枯，虚心谨慎属于活着的柔软鲜嫩；

因此，以兵力去逞强就会招致灭亡，木头干枯僵硬就会招致折损。

自大逞强处于劣势，虚心谨慎处于优势。

七十七章

天之道其犹张弓与：

高者抑之，下者举之；

有余者损之，不足者补之。

天之道损有余，而补不足；

人之道则不然，损不足以奉有余。

孰能有余以奉天下？唯有道者。

是以，圣人为而不恃，功成而不处：

其不欲见贤。

译文

上天不是很像拉弓射箭吗：

太高了就低一些，太低了就高一些；

太满了就松一些，太松了就满一些。

上天是减少多的，而补充不足的；

人却正相反，是减少不足的来供养多的。

谁能减少多的来供养全天下呢？只有信
守道的人。

因此，信道者照着道去做而不自恃有功，

取得成功而不居功：

他们不愿意卖弄才能。

七十八章

天下莫柔弱于水，而攻坚强者莫之能胜，
以其无以易之。

弱之胜强，柔之胜刚；

天下莫不知，莫能行。

是以，圣人云：

受邦之垢是谓社稷主，受邦不祥是为天
下王。

正言若反。

译文

世上万物没有比水更柔软的，但是对于攻破坚强的物体没有能胜过水的，因为水的特性是不可替代的。

谨慎胜过逞强，虚心胜过狂妄；

这个道理没人不知，而没人能够照做。

因此，信道者说过：

承受邦国耻辱的人叫做邦国的首领，承受邦国灾难的人叫做全国的首长。

正确的话却像反话。

七十九章

和大怨，必有余怨，安可以为善？报怨以
德。

是以，圣人执左契，而不责于人。

有德司契，无德司彻。

天道无私，常与善人。

译文

调和纷争，必然有不满，怎么可以认为纷
争已经化解了呢？要用律法来化解纷争。

因此，信道者遵守契约，而不随意责难别人。

遵纪守法的人执行契约，不法之徒强行逼债。

道没有私亲偏爱，总是善于给予别人。

八十章

小邦寡民。

使有什伯之器而不用，使民重死而不远徙。

虽有舟舆，无所乘之；

虽有甲兵，无所陈之。

使人复结绳而用之：

甘其食，美其服，安其居，乐其俗。

邻邦相望，鸡犬之声相闻，民至老死不相往来。

不要贪图别国的土地和人口。

使百姓不要过度依赖各种器具，使百姓不要冒死迁徙远方。

虽有车船，却没有乘坐逃离的必要；

虽有军队，却没有列阵示威的必要。

使百姓回归结绳记事时的纯洁质朴：

满足于自己的饮食，满足于自己的服饰，

满足于自己的居所，满足于自己的习俗。

相邻的邦国之间，百姓可以相互望见，鸡

犬的叫声可以相互听见，而百姓直至老

死也不相互逃亡。

八十一章

信言不美，美言不信；

善者不辩，辩者不善；

知者不博，博者不知。

圣人不积，既以为人，己愈有；

既以与人，己愈多。

天之道利而不害；

圣人之道为而不争。

译文

可信的言辞未必美好，美好的言辞未必

可信；

善者未必愿意辩白，愿意辩白的未必善；

明智的人未必博学，博学的人未必明智。

信道者不保留，尽力帮助别人，反而越富

有；

尽力给予别人，反而越充足。

道利天下万物而不害；

信道者照着道去做而不争名夺利。